点から線へ
トランスジェンダーの〝いま〟を越えて
映画『片袖の魚』より

トランスジェンダー女性のささやかながらも確かな一歩を刻む34分。
わたしがわたしを生きる物語

自分を不完全な存在だと思い込み、自信を持てないまま社会生活を送るひとりのトランスジェンダー女性が新たな一歩を踏み出そうとする——。そんなささやかな瞬間の物語を、詩人・文月悠光の詩を原案として、ゲイ老人の性と苦悩を描いた『老ナルキソス』（2017）がレインボーリール東京や上海クィア映画祭などで最高賞を獲得し、以降に監督した作品も世界のLGBTQ＋映画祭で高い評価を得ている東海林毅が丁寧に映像化した。

制作開始にあたっては、日本で初めてとなるトランスジェンダー女性当事者の俳優オーディションを開催。多数の応募者の中から主役に選ばれたのは、ファッションモデルとして活躍しているイシヅカユウ。これが映画初主演となる。音楽は蓮沼執太フィルでドラマーを務める尾嶋優（Jimanica）がオリジナル楽曲を提供。主題歌「RED　FISH」の歌詞は原案の文月悠光が映画のために書き下ろした。また本作では新型コロナウィルス対策として少人数かつスピーディーな制作に対応するため、全編にわたりスマートフォン（Sony Xperia 1）一台のみで撮影が行われた。

introduction

story

片袖に生まれたこの赤い魚が、あなたへと燃え渡りますように

トランスジェンダー女性の新谷ひかり（イシヅカユウ）は、ときに周囲の人々とのあいだに言いようのない壁を感じながらも、友人で同じくトランスジェンダー女性の千秋（広畑りか）をはじめ上司である中山（原日出子）や同僚の辻（猪狩ともか）ら理解者に恵まれ、会社員として働きながら東京で一人暮らしをしている。ある日、出張で故郷の街へと出向くことが決まる。ふとよぎる過去の記憶。ひかりは、高校時代に同級生だった久田敬（黒住尚生）に、いまの自分の姿を見てほしいと考え、勇気をふり絞って連絡をするのだが——。

Contents

第3章 明日 あなたへ

第1章

映画『片袖の魚』

映像化にあたり映画『片袖の魚』に寄せて、
主題歌「ＲＥＤ　ＦＩＳＨ」の歌詞を文月悠光が書き下ろした。
言葉と映像が出会い交錯しながら、
イメージがたおやかな像となって結ばれていく。

ＲＥＤ　ＦＩＳＨ

作詞：文月悠光　作曲：尾嶋優　歌：Miyna Usui

強くなるため
閉じ込めた想い
透明な部屋
古い傷あと抱きしめて
強くなることは
ゆるすことかな

手に水槽のかけらが
刺さって痛むけど
祈るように見つめてた
あなたの背中だけ 今でも消えない
強くなることは
愛することかな
自分の居場所
古い傷も包み込みたい
スクリーンを
抜け出した燃える赤い魚は
夜の闇を振りほどき
ひかりへと高くはばたく
今泳ぎだす
まっすぐ「ずっと」
眩しい海
つらぬけ「ずっと」

《公開に寄せて》

一遍の詩をもとに紡がれたこの物語が、
観る人の胸に問いかけ、
ささやかな変革を呼び起こすと信じています。
水槽の内と外――
触れることのできない隔てられた世界に、
本作は突破口をひらきました。
主演・イシヅカユウさんの瑞々しくも、
力強い歩みをどうか目に焼きつけてください。

Photo／石垣星児

文月悠光（ふづき ゆみ）

詩人。1991年北海道生まれ、東京在住。

中学時代から雑誌に詩を投稿し始め、16歳で現代詩手帖賞を受賞。

高校3年のときに発表した第一詩集『適切な世界の適切ならざる私』で、中原中也賞、丸山豊記念現代詩賞を最年少18歳で受賞。

詩集に『屋根よりも深々と』『わたしたちの猫』。

近年は、エッセイ集『洗礼ダイアリー』、『臆病な詩人、街へ出る。』が若い世代を中心に話題に。NHK全国学校音楽コンクール課題曲の作詞、詩の朗読、詩作のオンライン講座を開くなど広く活動中。

道徳な世界の道徳ならざる光

李　琴峰

白状しよう、現代詩は専門外だ。詩は短い上に、小説のような具体的な人物や物語がない。物語がないからこそ掴みどころがなく、短いからこそ一つひとつの言葉が持ち得る射程は恐るべきほど長い。その射程の長さと掴みどころのなさに直面した時、常日頃状況設定や人物造形や物語の辻褄合わせに苦心する私みたいな小説家は怖じ気づくのだ。

だからこそ、現代詩を具体的な物語を持つ映画に敷衍《ふえん》した本作には脱帽した。文月悠光さんの「片袖の魚」という詩を読むだけでは、トランスジェンダーのメタファーとして解釈できるとは微塵《みじん》も思わないだろう。しかし不思議なことに、映画を鑑賞してから改めて詩を読むと、言葉の一つひとつが主人公の気持ちに、そして不条理な現実を強いられるセクシュアル・マイノリティの人たちの生に重なって読めてしまうのだ。この点だけでも、今回の映像化の試みは成功していると言えよう。

本作は近年、アメリカを中心に機運が高まった「トランスジェンダー役はトランスジェンダー当事者の俳優に」の動きに呼応する形で、日本初となるトランスジェンダー女性当事者の俳優オーディションを開催の上、トランス俳優がトランス役を演じるという、貴重で志ある試みである。

「トランスジェンダー役はトランスジェンダー当事者の俳優に」という主張の是非を巡っては当然議論の余地が大いにあり、少なくともいかなる時代や地域においても真とされるべきような普遍的真理ではないだろう。しかし、二十一世紀の現代日本という社会的文脈に限定して言えば、この主張は大きな意味を持つ。この点について、私は東海林毅監督の考え（Ｐ・62）に全面的に賛同する。

実際、この映画は一人のトランスジェンダー女性の小さな、だけれど大切な一歩をリアルに描く珠玉作となった。トイレを借りる時に「だれでもトイレ」をすすめら

抑圧・束縛する、ジェンダー、セクシュアリティ、身体、年齢、人種、エスニシティ、階級などに対する社会的な規範に抵抗を示し、その規範を転覆させるような語りに支えられた視点、それがクィア映画には欠かせない。

２０２１年現在の日本において、映画監督・東海林毅はクィア映画を作り続ける数少ない作家の一人である。１９９５年に東京国際レズビアン&ゲイ・フィルム&ビデオ・フェスティバルに出品された『Lost In The Garden』が幻の作品となってしまったことは惜しいが、老いたゲイ男性の絵本作家を主役に性と若さへのフェティシズムを描く『老ナルキソス』（２０１７年）を初めて観たときの興奮は鮮明に覚えている。老いた身体を「不完全さ」と見なし、若かりし頃の自分と当時体験した快楽に陶酔するゲイ老人の姿が丁寧に描かれている。

この絵本作家が青春を過ごしたであろう１９７０年代初めに創刊されたゲイ男性向けの商業雑誌『薔薇族』へ投稿された読者の文章にも若さへの執着がすでに表れていたように、若さを失うことはゲイ男性にとって致命的であるかのように考えられてきた。そのような価値観に抗《あらが》うように、あるいはそれとうまく付き合いながら暮らしていこうとするゲイ男性たちを描いたのが『ハッシュ！』（橋口亮輔、２００１年）や『メゾン・ド・ヒミコ』（犬童一心、２００５年）であったはずだ。

以降、若さを消費する日本映画産業において長らく不在であったゲイ男性の老いとセクシュアリティを真っ向から描いたのが『老ナルキソス』であった。本作はドキュメンタリー映画『わたしの居場所～新世界物語～』（武田倫和、２０１８年）と並んで、日本のクィア映画史にとって重要な視点を刻む。

「不完全さ」と対峙する東海林監督の視点は、第二次世界大戦末期の１９４４年を舞台にした『帰り道』（２０１９年）でも繊細に描かれる。徴兵検査の帰り道、青年・寛二は翌朝に戦地へ出発する友人・作之助から「戦争が、怖か」と泣きながら打ち明けられる。医科で視力が低く前線への出兵を免れる寛二は、想いを寄せる作之助を川遊びへ誘い、二人は褌《ふんどし》姿で冷たい川の中で相撲のように取っ組み合う。

小川全体を捉えたロングショットの中心に二人を映し、裸でぶつかり合う男たちの様子を次第にミディアムショットからクロースアップへとショットサイズを変えていく。男たちは冷えた互いの身体を暖めるかのように強く抱きしめ合ったまま小川へ倒れ込む。作之助から褌を剥ぎ取った寛二は「戻ったら取りにきんしゃーい！」と叫び、空元気で「おう！」と返す作之助を小川に残して泣きながら走り去る。褌姿で泣きながら草道を駆けていた寛二は座り込み、作之助の匂いと体温がわずかに残った褌を顔に押し当て、「どうもならん」と想い人を失う悲痛に顔を歪める。

　クィア映画としての『帰り道』の重要性は、戦争によってかき消された青年の恋心を可視化する点に表れる。あり得たかもしれない過去のやり直しはクィア映画の特徴の一つであり、『帰り道』はゲイの青年が存在しない「不完全さ」の残る戦争の歴史をやり直すことで実践している。戦地で命をかけて闘う男同士の絆を描く傾向にある戦争映画はもともとクィアな読みを発動させるジャンルでもある。

　一方、『帰り道』は「どうもならん」と作之助の死が逃れられぬ未来として提示しつつも、戦地へ赴く以前の空間を舞台とすることで、故郷で愛する男の無事を祈り続けた男の人生があったはずだ、と異性愛中心的な戦争映画の語りをやり直すことに成功する。

　トランスジェンダー女性のひかりを主人公とした最新作『片袖の魚』（２０２１年）もまた「不完全さ」をめぐる物語である。熱帯魚を扱う会社で働くひかりは職場に恵まれ、東京で自立した生活を送っているものの、どこか自信無さげに見える。それは「私、まだ完璧じゃないし」と女性としてのアイデンティティに「不完全さ」のレッテルを自ら貼ってしまう態度に直結する。

「不完全」であると意識するがゆえの自信のなさは、ローアングルで大きく誇張される彼女の身体や倒れ続けるカクレクマノミの人形の不安定さによって象徴される。また、出張先の男性職員に「もしかして新谷さんて、男性？」と聞かれる場面が例示するように、彼女のジェンダー・アイデンティティが他者によって侵されるとき、水中にいるようなボコボコという泡の音が彼女を満たす。同僚の辻が言うように、もし「完璧な水槽なんてない」のだとすれば、水槽とはつまり、ひかりのような片袖の魚が「不完全さ」を抱えながら生きられる場所なのかもしれない。

　しかし、クィア映画としての『片袖の魚』の魅力は、

ひかりを水槽の中から解放するエンドクレジットに詰まっている。

「わたしの名前、ひかりだから」と力強く名前を主張し、故郷でのうのうと暮らす片想いだった敬にサッカーボールを投げつけて以降のひかりは、自分を「不完全」だと否定していない。赤いドレスを身にまとい、新しいヒールで夜の新宿の街を颯爽《さっそう》と歩く彼女の姿は、彼女を「不完全」だと決めつける何かに足を掬《すく》わせる余裕すら与えない。

　エンドクレジットが移動ショットで彼女の姿を捉え続けることで、『片袖の魚』はひかりが水槽の外でも必ず生きていけるのだという希望で満たされていく。

　赤いドレスをなびかせながらヒールでぴょんぴょんと跳ねる彼女の笑顔、それこそが「不完全さ」を愛するクィア映画作家・東海林毅が『片袖の魚』に託す希望の光なのだ。

久保 豊（くぼ ゆたか）

クィア映画研究者。編著『Inside/Out―映像文化とLGBTQ +』(早稲田大学坪内博士記念演劇博物館、2020 年)。他にも、『ユリイカ』、『キネマ旬報』、『wezzy』などに寄稿。

映画に寄せられたコメント

とても大切な映画です。文月も監督も主演のイシヅカユウさんも、本作に携わる多くの方にとって**『片袖の魚』は大きな「挑戦」**になります。それが何より嬉しいです。

今はまだ稚魚のような心持ちですが、公開までどうか温かく見守って頂けたら幸いです。

文月悠光（詩人／原案）

ひかりと私はトランスジェンダーという点では近い境遇であるけれど、全く違う人間です。人は、他人の持つある特性で一括りにしてしまうことがあります。しかし**一人一人の人生の本当の個性は、大雑把に一括《くく》りにしても見えないところにこそあるのです。**お芝居という新しいことに挑戦し、ひかりという、自分と近い、でも確実に違う人を演じる中でそう感じました。

イシヅカユウ（主演）

自分自身の弱さに目を向けずに生きてきた私にとってこの映画は、弱かった自分を思い出させてくれて、さらに今までの**生きてきた時間を肯定してくれるような作品でした。**そして芸術的な画と音で今の私の背中を押してくれました。

広畑りか（出演）

トランスジェンダー当事者の方がひかり役を演じることで、内容がとてもリアルであり、〝自分らしくいること〟は勇気が要ることなんだと感じました。そしてこの綺麗な映像がスマートフォン一台で撮られたことに驚きました。特に魚が映るシーンはとても美しかったです。

映画『片袖の魚』を通じて、**マイノリティな人をもっと身近に、当たり前に感じられる世の中になってほしいと思いました。**

猪狩ともか（仮面女子／出演）

トランスジェンダーなら、誰もがためらう最初の一歩。でも歩み出さなければ、人生は始まらない。たとえ小さな一歩でも、その人にとって偉大な一歩である。性別越境文化の長く豊かな歴史をもつ日本。その現在を鋭く切り取った佳篇《かへん》。**出演の Trans-woman の個性と才能がきらめく。**日本の映像文化も、やっとここまで来た。**次の舞台は世界だ！**

三橋順子（明治大学文学部非常勤講師／性社会文化史研究者）

トランスジェンダー当事者が主演の貴重な映画です！当事者が主演であるからこそ心に響くシーンが多く、見入ってしまいました。**僕たちは特別な存在ではなく、ともにこの世界で生きています。**多くの人達にこの映画を見ていただき、トランスジェンダーのことを知ってほしいです！

浅沼智也（映画監督）

トランスジェンダー役をトランスジェダーがやるべきという考えに、一時は難しいかなと思った時期もありました。しかし、色々な情報を得て改めて考えると、まずはオーディションを行ってトランスジェンダーの役者を探してほしいという思いになったのです。そして、東海林監督は本作でそれを実現してくれました。**本作をみて、改めてトランスジェンダー自身がトランスジェンダー役を演じることにやっぱり意味があると強く感じました。**すこし胸がキュンとする思いが多くの人に伝わることを願っています。

畑野とまと（トランスジェンダー活動家）

もし、あなたがこの世界の片隅で、ひとりきりと感じているのなら周囲の視線、偏見や差別と戦い、暗闇の中、人知れず涙を流しているのなら、どうか、あなたが幸せになれる未来が待っていることを、どうか、あなたのことを応援してくれている仲間がいることを、心から信じてみてください。**すべてのトランスジェンダーが自分らしく生きられる明るい希望《ひかり》は、きっとあります。**

時枝穂（Rainbow Tokyo 北区 代表）

主人公ひかりに「体は男性だけど心は女性」などと説明させるように、憶測、決めつけで巧妙に囲ってくる側は、自分たちの体や心も不確だとは考えもしない。そんな不誠実に応える必要なんてないのだと、勇気が湧いてくる。

水槽という枠の中であっても、あなたにも、わたしにも、自由はある。**外形からだけではふれられない美しさが、尊厳が、確かにある。**魚群の個体差のように。

鈴木みのり（ライター）

〝リアル〟な映画だ。

共感する部分が多く、何度も何度も胸が締め付けられそうになった。その中でも主人公のひかりが勇気を出して一歩踏み出し、〝自分〟を生きる姿勢に人としての強さと美しさがあった。**映画の中だけではなく、わたしたちはここにいる。同じ世界で生きている。**

ＬＧＢＴＱ＋の方に限らず多くの人に人として観てもらいたい映画です。

堀川 歩（株式会社アカルク代表取締役）

性的マイノリティの多くにとって、ふるさとは遠くにありて想うものだろう。みずから美化した像であることに薄々気づきながらも、それにすがり、すがることでいまの〈わたし〉の生をあやうくもつなげでいる。だが、それを突然手放す時が来たら？　わたしは何を支えに生きていくんだろう？　未来もまだつかめていないのに。

ひかりの戸惑いは、**性的マイノリティの置かれた現在・過去・未来を、わたしたちにするどく迫るものだ。**

石田 仁（『はじめて学ぶＬＧＢＴ』著者）

息のしにくい社会だけれど、過去を完全に断ち切ることはできないけれど、それでも折り合いをつけて生きていく。そんな社会を確かに生きる、ひとりのトランスジェンダーを描いている。

何の気なしに放たれた言葉が、誰かの呼吸を奪うこともあれば、助けることもある。**ボールは〝私たち〟に向かって投げられている。**その意味が問われる時、ほんの少しだけでも息のしやすい社会に近づくと、そう信じて。

松岡宗嗣（ライター／一般社団法人fair代表理事）

主張の静かな映画だ。取り立ててショーアップされることのない、淡々とした、けれどはっきりとクィアなコミュニティが、主人公を取り巻いて支えている。昔の友人からの久しぶりの電話を受ける主人公は、咳払いをして語尾にこめる力を僅《わず》かに強めるだけで「男声」と「女声」を露骨に切り替えたりせず、けれどもそこにはジェンダーの規範と交渉するトランスの身体存在が確かに感じられる。

見えやすくわかりやすいマイノリティ性の提示をあくまでも禁欲しつつ、**トランスジェンダーの生が、静かに、強く、主張される。**

清水晶子（東京大学大学院 教授）

ずっと「私」でいると決めた人の尊さと誇り、安全圏の外ではいつ薄氷を踏み抜くかもしれない心許なさ。

主人公・ひかりを見守る34分は、**イシヅカユウのアクターとしての才能に出会う時間でもあった。**好奇の眼差しや悪気ないひとことの破片が刺さったとき、何事もなかったように振る舞う内側に本当はどんな痛みや違和感、隔絶があるのか。

片袖の魚たちが臆することなく泳げるように、社会という大水槽にも細やかなメンテナンスが必要だ。

長田杏奈（ライター）

完璧な水槽がないように、完璧な世界なんてない。透明な壁を隔てた先の世界は、カクレクマノミにとっては清潔すぎる。ならば水草の深いところへ隠れよう。冷たい闇を暖めるネオンの海、古傷を包み込む雑踏の片隅へ、そっと身を紛らそう。捨て去った名前が書かれたサッカーボールを思いっきり放り出すように、**「延長」を目指して踏み出した一歩は、まだ見ぬ世界へ連れていってくれるはずだ。**

李 琴峰（作家／翻訳家）

好奇心に傷つけられても、何もなかったかのように振る舞う彼女の顔は、見覚えのあるものだった。

クマノミは変な魚。そこに込められた言外の棘。

自分らしく、というだけなら簡単だけれど、ただ生きていくだけで、ぶつかってくる困難さを、知らないふりをしてはいけない。自分もその困難さの一部かもしれない。理由をつけて、流され許す、自分の弱さについて思った。**許さないのは強さだ。**

過去を蹴飛ばし、夜を歩く、彼女の姿は美しかった。

西田藍（書評家／エッセイスト）

水槽のなかの〝魚〟を一方的に眺めるのではなく、わたしたちもまた同じ水槽で泳いでいるかのように感じさせる音響の妙。『ミッドナイトスワン』に連なるトランスジェンダー映画の現在の議論や文脈のうえでこの映画が生まれたことの意味を考えなければいけない。**ここから何かがはじまるのを告げる希望がたしかにあった。**

児玉美月（映画執筆家）

過去という水槽から飛び出し、颯爽《さっそう》とネオンの海を気持ちよさそうに泳ぐひかり。ストリングスは、安全だけどちょっと息苦しい呼吸。ピアノは、軽やかな水面の跳躍。そして、打ち込みポップスは、世界でもっとも自然で美しく崇高な人魚の遊泳。**歌もバレエも出てこない美しいオペレッタの誕生!!!**

ヴィヴィアン佐藤（美術家／ドラァグクイーン）

この世界はままならない。悪意なき好奇の目が、ときにあからさまな悪意以上に人の心をひりつかせることもある。理解のふりをした無理解、寛容のふりをした不寛容もそこらじゅうに転がっている。そして、**絶望や失望が、新たな希望の始まりとなることもある。**

エスムラルダ（ドラァグクイーン／ライター）

クライマックスの居酒屋のシーン。僕があの場にいたら、あそこにいるかつての仲間たちのように差別をしない人間の振りして、光輝を傷つけていたに違いない。彼らにとっての光輝は誰なのだろう。それは紛れもなく今のひかりなのだ。最後のひかりのセリフ「もう二度と会うかっつーの」は気持ちが良かったが、また会ってほしいとも思った。その後に続く**主題歌がこれほど素直に耳に入ってくる**のは珍しく、そうなれた自分が少し嬉しく、そう感じさせてくれたこの映画が好きだ。

足立紳（映画監督／脚本家）

片想いの彼とLINE電話するシーンで、声色を気にしながら話すところが妙にぐっときて印象に残りました。

好きな人に嫌われたくないという気持ちから、虚勢を張ったり誤魔化したり、後ろめたいことしてしまうのは、**誰にもあること、**だからでしょうか。
何かのマイノリティについて見識があるわけではないですし、自分がそちら側にいないとも思えない。そんな中途半端な私にも見やすい映画でした。

七里圭（映画監督）

言葉は棘《とげ》みたいだ。生きているだけで勝手に棘が刺さるし、刺される。
でもそんなこと本当は望んでいない。
これから「わたし」を泳ぎ始める誰かの人生が、**痛みではなく愛の言葉で背中を押される世界**であってほしい。

佐々木美佳（映画監督）

ペッツォルトの『水を抱く女』を想起してしまう設定。だがウンディーネは愛する男に裏切られたらその命を奪う美しい魔物だ。それは人間（男）が女性に対するロマンと恐怖から作り出した体のいい幻想物語に過ぎない。現代ドイツのウンディーネは結局自己犠牲の欺瞞《ぎまん》に終わるが、人である以上は**この世界で生きていくのが正しい『水を抱く女』**なのだと思う。

渋谷哲也（ドイツ映画研究／日本大学文理学部教授）

第2章

歴史　点から線へ

トランスジェンダーの歩み

三橋　順子

1　トランスジェンダーとは何か

トランスジェンダー（Transgender）のtransは、越えて、向こう側へというニュアンスの接頭語です。ですから文字通りに解釈すれば、トランスジェンダーはgender（社会的・文化的性）の境界を越えて向こう側へ行く、越境すること、ということになります。

私がトランスジェンダーの日本語訳として「性別越境」もしくは「性別越境者」をあてたのはそうした意味合いからです。

そうした語義を踏まえて、2つの視点からトランスジェンダーを定義してみましょう。

1つ目は、行為・現象としての定義です。

「生得的な身体の性に則して社会（文化）によって規定される社会的性（Trans-womanなら「男らしさ」、Trans-manなら「女らしさ」）を強制されることを拒否し、生得的な身体の性とは逆の（別の）社会的性を学習し、それを総体的に身にまとうこと。つまり、社会的性差を越境しようとすること」となります。

2つ目は、人物としての定義です。

行為・現象としての定義から「性別を越境する行為を定常的に行う人」と定義が導けます。この場合、対義語は、シスジェンダー（Cisgender）「性別を越境しない人」となります。

セクシュアル・マイノリティの人権という文脈では、トランスジェンダーとは「誕生時に指定された性別（sex assigned at birth）とは違う性別で生活している人」という現実の生活を重視した定義が、もっとも妥当だと考えます。

ちなみに、トランスジェンダーを「心と体の性が一致しない人」と定義するのは、「性同一性障害」（Gender Identity Disorder）の定義に影響された誤りです。あえて言えば、一致していないのは「心と体」ではなく「ジェンダーと体」でしょう。

　そもそも、トランスジェンダーは、性別を移行する理由を問いません。また、ジェンダーと身体を一致させることも、必ずしもありません。

　現実には、性別違和感（Gender dysphoria）を抱えて、その緩和に努めているトランスジェンダーが多いわけですが、それを定義にするのは誤りだということです。

　よく「トランスジェンダーと性同一性障害の違いはなんですか？」という質問を受けます。答えは認識の仕方の違いです。

　トランスジェンダーは、もともとジェンダーと身体の不一致を病理（精神疾患）とする考え方に対抗した非病理概念です。性別越境の実質性があり、アイデンティティとして名乗ればトランスジェンダーです。自律的な概念と言えます。

　それに対して、性同一性障害は病理概念（精神疾患）です。精神科医が定められた診断基準にのっとって診察し診断するものです。診断がないのに勝手に名乗れるものではありません。その点、他律的な概念と言えます。

　しかし、実態として、トランスジェンダーと性同一性障害の集合は排除的ではありません。両者がまったく異なるもの、集合として排除的なものとする主張は誤りです。トランスジェンダーをアイデンティティとする人が、医師から性同一性障害の診断を与えられることはしばしばあります。

２　言葉としての「トランスジェンダー」の受容と歩み

　トランスジェンダーという言葉は、１９７０年代末に、アメリカの女装雑誌「Transvestia」の創刊者であり、Cross-dresserであるヴァージニア・プリンス（Virginia Prince、１９１２～２００９年）が「Transgenderist」と名乗ったことから、世の中に広まりました。その意味は「フルタイムで女性として生活をしながらも、性器の手術を望まない人々」というものでした。

　トランスジェンダーという言葉が、日本に入ってきたのは、１９８０年代末のことです。

　トランスジェンダーを書名にした本は、渡辺恒夫『トランス・ジェンダーの文化―異世界へ越境する知』（勁草書房、１９８９年）が最初です。次いで、蔦森樹編『トランス・ジェンダー現象』（至文堂、１９９０年）が出ます。これらは「トランス・ジェンダー」と「・」が入っていて、前節で述べた１つ目の定義（行為・現象）の使い方です。

ヴァージニア・プリンスの使い方、ジェンダーは移行するが性器の手術はしない人という意味の使い方が日本の当事者の間で知られるようになるのは１９９０年代前半、１９９３年頃でした。

その結果、服装だけを一時的に移行するＴＶ(Transvestite)、フルタイムで性別移行するが性器の手術はしないＴＧ（Transgender)、性器の手術までするＴＳ（Transsexual）という三分法が行われるようになりました。

こうした三分法の問題点は、三橋が１９９７年に論文で批判し、その頃から、ＴＶ・ＴＧ・ＴＳを包括する概念としてのトランスジェンダーが使われるようになります。１９９６年に畑野とまとが開設したインターネット・サイト「トランスジェンダーカフェ」や、１９９７年に刊行された松尾寿子『トランスジェンダリズム―性別の彼岸―』（世織書房）などは、そうした包括的な使い方です。

こうして１９９０年代末には、性別移行の包括概念としてのトランスジェンダーは一定の社会的認識を得たかのように思えました。

しかし、そこに大波がやってきます。包括的なトランスジェンダーの使い方が浸透しつつあった１９９０年代末、日本では性別を移行することを病理（精神疾患）とする「性同一性障害」概念が、一部の医師とマスメディアによって急速に流布されていきます。「性同一性障害ブーム」は２０００年代に入って、ますます大きな流行になり、日本は世界でも稀なほど性別移行の病理化が進んだ「性同一性障害大国」になります。非病理概念であるトランスジェンダーという言葉が顧みられることは少なくなり、トランスジェンダーの人々は長期にわたる逼《ひっ》塞《そく》を強いられることになります。

２０００年代末になると、さすがの「性同一性障害ブーム」も陰りが見えはじめ、２００８年のはるな愛の大ブレイク、２００９年頃に始まる「男の娘《こ》」ブームなどトランスジェンダー関連の新しい動きが見られるようになります（私は「転換点としての２００８年」と言っています）。また、２０１０年代になると、世界的な性別移行の脱病理化の潮流が、ようやく日本にも及ぶようになります。

トランスジェンダーの復権が決定的になったのは、２０１２年に始まり、２０１５年頃から急速に盛り上がった「ＬＧＢＴブーム」です。

ここで、トランスジェンダーは、Ｌ（レズビアン）、Ｇ（ゲイ）、Ｂ（バイセクシュアル）と並ぶＴとして、その一翼を担うようになり、社会的な認知も大きく高まりました。

さらに、２０１９年５月の世界保健機構（ＷＨＯ）総会で、新しい「国際疾病分類」（ＩＣＤ—11）が採択され、「性同一性障害」という名称は疾患グループ名としても疾患名としても完全に消滅し、新設された第17章「Conditions related to sexual health（性の健康に関連する状態）」に「Gender incongruence（性別不合）」が置かれました（２０２２年初施行）。

第17章は、第１～16章のdisorder（疾病）とdisorderではない第18章妊娠・出産との間にあり、疾患と非疾患の中間的な位置づけになります。

これによって、世界のトランスジェンダーが長年待ち望んだ性別移行の脱精神疾患化が達成され、19世紀以来、長く続いた精神疾患の軛《くびき》、病理化による抑圧からようやく解放されることになりました。

ただし、脱精神疾患化は脱医療化ではありません。ホルモン投与や性別適合手術など医療を受けたい人々の権利は、当然のことながら保障されます。

こうした動きは、20世紀後半に始まる非典型な「性」の脱病理化という大きなパラダイム転換の最終段階であり、医療福祉モデルから人権（医療を受ける権利を含む）尊重モデルへの転換を示すものです。

３　トランスジェンダーの基本認識

トランスジェンダー基本認識は２つあります。

１つ目は、多様な（非典型な）「性」をもつ人たちは、おそらく人類のどの時代、どの地域にも、ほぼ一定の割合で、普遍的に存在したと思われる、ということです。私はこれを「普遍性原理」と呼んでいます。

もちろん確証はありませんが、そう考えた方が、いろいろ辻褄《つじつま》が合うということです。つまり、「同性愛者やトランスジェンダーは最近になって増えてきた」という認識はかなり疑問で、「最近になって（顕在化率が高まり）増えてきたように見える」が正しいでしょう。

現在のところ、最も古いトランスジェンダー的な人の存在を示す考古学的事例は、チェコ共和国・プラハ近郊で発見された約４５００〜４８００年前の男性人骨です。

この遺跡の特徴として埋葬の際の方向や副葬品に明確な男女差があります。この男性人骨は、女性の埋葬の向きで葬られ、副葬品も女性が生前に使っていた土器（男性の場合は武具が副葬される）で、女性として葬られていることがわかります。おそらく生前から女性として暮らしていたのでしょう。

日本でも約１７００年前の遺跡から、華麗な装身具を身に着けたdouble-genderのシャーマン（双性の巫人）と思われる人骨が出土しています。

また、南米のアマゾン川流域のジャングルに住む現代文明があまり届いていない部族にも、「Two Spirits」（男女２つの精神をもつ人という意味）と呼ばれるトランスジェンダー的な人が存在しています。

こうした事例は、トランスジェンダー的な存在と文化が人間社会のかなり古い、原始的な段階から存在した、普遍的なものであることを物語っているのです。

基本認識の２つ目は、そうした多様な（非典型な）「性」をもつ人たちをどのように認識し、社会の中に位置づけるかは「文化」の問題であって、社会によってその扱いは大きく異なる、ということです。これを「文化性原理」と呼んでいます。

たとえば、かつてのユダヤ-キリスト教文化圏のように同性性愛や異性装を背教行為として厳しく禁じ、同性性愛者や性別越境者の存在を認めない（社会的に抹殺し、殺してしまう）社会もあります。

それに対して、特定の社会的役割（職能）を与えることで、性別越境者の存在を認める社会も多くありました。キリスト教が広まる以前の世界では、むしろこちらの形態の方が広域かつ普遍的でした。前近代の日本もそうした社会でした。

非典型な「性」をもつ人たちは、人間社会のかなり古い、原始的な段階から存在したわけで、社会がそうした人たちを成員として包摂した形態（システム）になるのは、むしろ当然のことなのです。

長く多彩なトランスジェンダーの歴史をここで記すことはできませんが、それぞれの時代、さまざまな地域にトランスジェンダー的な人は存在し、困難な社会状況でもプライドを失わずに生き抜き、トランスジェンダー特有の文化を伝え、社会の中で道を切り開いてきたということです。

トランスジェンダー的な人はマイノリティではあっても、必ずしも弱者ではありません。神の言葉を人々に伝える偉大なシャーマンであり、優れた芸能者であり、巧みなセックスワーカーであり、男女の仲介者・女性の相談役であり、社会の一員だったのです。

そうした道を切り開いたトランスジェンダーの人々については、そのごく一部ですが別項で紹介したのでご覧ください。

おわりに　―トランスジェンダーの未来―

私がトランスジェンダーとして世の中に出た１９９０年代中頃から四半世紀（25年）、トランスジェンダーを取り巻く日本社会の環境は大きく改善されました。20世紀末までは、ショービジネス、飲食接客業、セックスワークの３業種にほぼ閉じ込められていたトランスジェンダーは、21世紀になると、さまざまな職種に進出していきます。

会社員、公務員はもちろん、企業経営者、ＮＰＯ代表、作家、俳優、モデル、建築家、アーティスト、映画監督、大学の常勤教員、医師、弁護士、そして政治家ｅｔｃ、一昔前には考えられなかった盛況です。やっとトランスジェンダーが、その能力を生かして活躍できる時代になったのです。

残念ながら、まだまだ就労差別はありますが、それも遠からず良い方向に向かっていくでしょう。

私たちの世代は、25年かけてここまで社会を変えるのが精一杯でした、次の25年はきっともっと大きく良い方向に社会を変えることができるでしょう。

幸い、若く豊かな才能を持つ Trans-woman、Trans-man が次々に社会の表舞台に現れています。

２０００年近い長い歴史と、世界でもっとも高度に発達したトランスジェンダー文化をもつ日本のトランスジェンダーとしてのプライドを持ちながら、それぞれの人が自分の分野で力を尽くし、シスジェンダーとトランスジェンダーが共生できる多様性に富んだ豊かな21世紀の日本社会を築いていって欲しいと思います。

【参考文献】
針間克己『性別違和・性別不合へ』（緑風出版、2019年）
東優子「ジェンダーの多様性をめぐる概念の登場と変遷」
（『女性心身医学』22−3、2018年）
https://www.jstage.jst.go.jp/article/jspog/22/3/22_219/_pdf
三橋順子「トランスジェンダー論 ―文化人類学の視点から―」
（『クィア・スタディーズ'97』七つ森書館、1997年）
三橋順子『女装と日本人』（講談社現代新書、2008年）
三橋順子「ICD―11とトランスジェンダー」
（『保健の科学』2020年4月号、杏林書院、2020年）

歴史を変えたトランスジェンダー

三橋　順子

トランスジェンダーとして「道を切り開いた人」という観点で選定しました。また、活躍した分野が重ならないよう配慮しました。配列はおおむね活躍した時期によっています。

なお、ここでいうトランスジェンダーとは「生まれた時に指定された性別とは違う性別で生きた人」という定義になります。その定義に基づき、トランスジェンダーという言葉がまだなかった頃の人やトランスジェンダーとは名乗っていない人も、独断で含めました。

圧倒的にTrans-woman が多く、Trans-man が少ないのは、個人の資質や努力ではなく、歴史的な経緯や社会構造の問題だと考えます。

（世界編）

1　リリー・エルベ
（女性名：Lili Elbe、１８８２～１９３１年）

１９３１年、ドイツで、世界最初の男性から女性への「性転換手術」（Sex Reassignment Surgery＝ＳＲＳ）を受けたデンマーク人の画家。子宮移植手術の後、拒絶反応で体調が悪化し死亡。当時はほとんど報道がなく、１９５０年代になってその記録が出版された（邦訳『変えられた性―男から女になったデンマーク画家の記録―』１９５８年）。２０１５年、映画「リリーのすべて」のモデルとして広く知られるようになった。

2　クリスティーン・ジョーゲンセン
（Christine Jorgensen、１９２６～８９年）

アメリカの女優。朝鮮戦争に従軍したアメリカ陸軍の軍曹だったが、１９５２年２月、デンマークのコペンハー

ゲンで男性から女性へのSRSを受けた。帰国直前になって、その事実が通信社によって世界中に報道され、一躍、時の人となった。「世界初の性転換女性」と称されることがあるが誤り。リリー・エルベはもちろん、戦後では日本の永井明子やイギリスのロベルタ・コーウェルの方が早い。1989年、肺癌のため逝去。

3 コクシネール

（Coccinelle、1931～2006年）

フランスの歌手、女優。1958年、モロッコ・カサブランカのジョルジュ・ブロー医師（Dr.Georges Burou）の執刀でSRSを受け、1959年、映画「ヨーロッパの夜」に出演し、その美貌で世界を驚かせた。ジョージェンセンなどと並び、20世紀、最も著名なTrans-womanの一人。

4 ヴァージニア・プリンス

（Virginia Prince、1912～2009年）

トランスジェンダーという言葉を事実上、創った人。アメリカの女装雑誌「Trans-vestia」の創刊者であり、自身Cross-dresserで、1970年代末に「Transgenderist」と名乗った。そこからTransgenderという言葉が生まれ、世界に広まった。

5 マーシャ・P・ジョンソン

（Marsha P. Johnson、1945～92年）

アメリカのドラァグ・クイーン、トランスジェンダー活動家。1969年6月の「ストーンウォールの反乱」で先導的な役割を果たした。

その後もゲイ、トランスジェンダー、セックスワーカー

の解放・支援などの社会運動に関わったが、１９９２年、ニューヨークのハドソン川で遺体となって発見された。自殺か他殺か明らかになっていない。

6　キャロライン・コッシー

（Caroline "Tula" Cossey、１９５４年〜）

イギリスのモデル、女優。１９８１年、イギリス諜報機関ＭＩ６（エムアイシックス）のエージェント、ジェームズ・ボンドを主人公にした映画００７（ダブルオーセブン）シリーズの第12作「００７ ユア・アイズ・オンリー」に出演。このシリーズでボンドの相手役の女性は「Bond Girl」と呼ばれるが、大衆紙は「James Bond Girl Was a Boy.」と書き立て、大きな話題になった。土着的なトランスジェンダー文化がほぼ皆無なヨーロッパで、コクシネールなどとともに、Trans-woman の道を切り開いた人。

7　金星

（Jin Xing、１９６７年〜）

中国のダンサー、タレント。人民解放軍の芸能部隊のトップダンサー（大佐）で、１９９５年、軍の病院でＳＲＳを受けた。現在はテレビ番組の司会

者としても活躍。トランスジェンダーの社会的認知が遅れている中国だが、金星は別格の存在。

8　ジョージナ・ベイアー

（Georgina Beyer、１９５７年〜）

ニュージーランドの政治家。セックスワーカー、ショーダンサーを経て政治に関心を持ち、１９９５年、ウェリントンのカータートン市（Carterton District）の市長選挙に当選し、トランスジェンダーと

して世界初の市長となった。さらに1999年、ニュージーランド国会議員に当選し、トランスジェンダーとして世界初の国会議員となった。

9　ケイトリン・ジェンナー

（Caitlyn Jenner、1949年〜）

アメリカの陸上競技選手。男子十種競技の元世界記録保持者で、1976年モントリオールオリンピックの金メダリスト。十種競技は、短・中距離走、跳躍、投擲の10種目を2日間で行い、その総合得点を競う過酷な競技で、そのチャンピオンは「鉄人」として尊敬される。

そんな「男の中の男」と思われていたジェンナーが、2015年、すっかり女性化した姿で女性ファッション誌『VANITY FAIR』の表紙を飾り、アメリカ社会に大きな衝撃を与えた。

10　オードリー・タン

（Audrey Tang、唐鳳、1981年〜）

中華民国（台湾）の政治家、プログラマー。Trans-woman。2016年、蔡英文政権において政務委員（デジタル担当）として入閣。2020〜21年の新型コロナウィルスの流行に際し、プログラム能力を生かした迅速な対応で、大きな成果をあげた。

（番外）ブランドン・ティーナ

（Brandon Teena、1972〜93年）

アメリカのTrans-man。1993年、ネブラスカ州フンボルトで起こった強姦・殺害事件の被害者。1999年、アカデミー賞を受賞した映画『ボーイズ・ドント・クライ（Boys Don't Cry）』の主人公（配役：Hilary Ann Swank）のモデル。彼の死は、アメリカにおける「ヘイトクライム禁止法」制定運動の原動力となった。

　他に、イギリスとフランスの「百年戦争」（１３３７～１４５３年）で活躍したフランスの少女ジャンヌ・ダルク（Jeanne d' Arc）、18世紀フランスの女装の外交官シュヴァリエ・デオン（Chevalier d' Eon）、19世紀アメリカ先住民ズーニー族のTwo Spirit、ウィーハ（We-wa）、イギリス最初の性転換女性、ロベルタ・コーウェル（Roberta Cowell）、１９９８年「ユーロビジョン・ソング・コンテスト」で優勝したイスラエルの歌手、ダナ・インターナショナル（Dana International）、男女の別に厳しい儒教規範が強く残る韓国社会の壁を打ち破ったTrans-womanタレント、ハ・リス（Harisu、河莉秀）、アメリカのポルノ女優、キンバー・ジェームズ（Kimber James）、アカデミー賞を受賞した映画『Una mu' jer fantástica（邦題：ナチュラル・ウーマン）』に主演したチリの女優、ダニエラ・ベガ・エルナンデス（Daniela Vega Hernández）、Trans-womanのミスコンMiss International Queen2004の優勝者でタイの女優、タリーチャダー・ペッチャラット（Trichada Phetcharat）、カナダのTrans-manの俳優、エリオット・ペイジ（Elliot Page）なども入れたかった。

　また、アメリカのTrans-womanのアクティビストで『Gender Outlaw:On Men,Women,and the Rest of Us』（１９９５年、邦訳『隠されたジェンダー』２００７年）の著者ケイト・ボーンスタイン（Kate Bornstein）、アメリカのTrans-manのアクティビストで『Sex changes and Other Essays on Transgender』（１９９７年、邦訳『セックス・チェンジズ―トランスジェンダーの政治学―』２００５年）の著者、パトリック・カリフィア（Patrick Califia）、同じくアメリカのTrans-manの作家で『Transgender Warriors』の著者、レスリー・ファインバーグ（Leslie Feinberg）の名も挙げておこう。

（日本編）

１　「人形のお時」と「鉄拳のお清」

（にんぎょうのおとき・てっけんのおきよ　共に生没年不詳）

　１９４６～４８年、東京の北の玄関口「上野《ノガミ》」に集まった女装男娼たちは戦後トランスジェンダー史のフロント

ランナーだった。ノガミの男娼、随一の美貌をうたわれ、ベストセラー『男娼の森』（角達也著、1949年）のモデルになった「人形のお時」。1948年11月の「上野の森警視総監殴打事件」で「私が殴りました」と名乗り出た「鉄拳のお清」。

2　永井明子

（ながい　あきこ、1924年〜?）

日本最初の性転換女性。1951年春、日本医科大学の石川正臣博士の執刀でSRSを受け。その後、戸籍も女性に変更した。

この手術は戦後、世界で最も早いと思われる。女性に転換した後はシャンソン歌手として活動した。

3　曾我廼家桃蝶

（そがのや　ももちょう、1900年〜?）

新派・曾我廼家五郎一座の立女形《たておやま》として活躍、すでに戦前に婦人雑誌のモデルをしている。1966年11月、日本初のカミングアウト本『芸に生き、愛に生き』を出版。

4　カルーセル麻紀

（かるーせる　まき、1942年〜）

1964年、日劇ミュージックホールでメジャー・デビューした和製「ブルーボーイ」（身体を女性化した男性）。1973年、モロッコに渡り、

ジョルジュ・ブロー医師の執刀でSRS。1960年代からテレビ、映画、雑誌グラビアで活躍した日本におけるトランスジェンダー・タレントの草分け的存在であり、大御所。

5　虎井まさ衛

（とらい まさえ、1963年〜）

1989年、アメリカ・スタンフォード大学でSRSを受けた日本最初のオープンリィTrans-man。「FTM日本」を主宰し、1990年代後半〜2000年代の「性同一性障害」ブームを牽引した。

主著『女から男になったワタシ』（1996年）は海外でも翻訳された。2001年放送のテレビドラマ「3年B組金八先生」第6シリーズに登場するトランスジェンダーの中学生・鶴本直（配役は上戸彩）のモデル。

6　蔦森 樹

（つたもり たつる、1960年〜）

公の場で、日本で最初にトランスジェンダーを名乗った人。

ジェンダーからの解放を主張した主著『男でもなく女でもなく―新時代のアンドロジナスたちへ―』（1993年）は、上野千鶴子などフェミニズム研究者から高く評価された。2000年、琉球大学・立教大学の非常勤講師に任用され、日本で最初のトランスジェンダー大学教員となった。

7　埼玉医大SRS第1号氏

1998年10月、埼玉医科大学でガイドラインに則したものとしては日本初のSRSを受けたTrans-man。プライバシーの関係で名前は記せないが、彼の強い思いがあったからこそ、長く閉ざされていた扉を開けることができた。

8　上川あや

（かみかわ あや、1968年〜）

2003年、性同一性障害を公表して東京都世田谷区議会議員に当選。以後5選を重ねる。同区における同性パートナーシップ制度（2015年）をはじめとするLGBT施策の推進者。日本におけるトランスジェンダー、いやセクシュアル・マイノリティの政界進出のパイオニア。

9　はるな愛

（はるな あい、1972年〜）

大阪のアイドル・ニューハーフの地位を捨てて上京、苦節十数年の末、2008年、松浦亜弥の物真似で大ブレイク。2009年 Miss International Queenで、日本人初となるグランプリを受賞。現代日本を代表するトランスジェンダー・タレント。今や伝説となりつつある大阪の性転換専門病院「わだ形成クリニック」のSRS第1号。

10　山本蘭

（やまもと らん、1957年〜）

2003年、性同一性障害者の団体「gid・jp（性同一性障害をかかえる人々が、普通にくらせる社会をめざす会）」を結成。国会議員や官庁への積極的なロビー活動によって、同年7月の「性同一性障害者の性別の取扱いの特例に関する法律」の制定をはじめとする性同一性障害関係の施策の推進に大きな役割を果たした。

その他、江戸時代後期（19世紀初頭）の男装者、竹次郎、昭和初期の塩原温泉の女装芸者「花魁の清ちゃん」、

「男装の麗人」の元祖で日本軍の工作員として活躍した清朝皇女、川島芳子（愛新覺羅顯玗：あいしんかくらけんし）、進駐軍慰問団の女装ダンサー、ジュリー・アリンダ、東京最初の女装ゲイバー「湯島」の女将、曾我廼家市蝶（しちょう）、和製ブルーボーイの元祖、銀座ローズ、大阪の女装男娼の元締、上田笑子、新宿女装コミュニティの原点「ふき（梢）」のママ、加茂梢、１９８１年「ニューハーフ」のキャッチコピーで一世を風靡した「六本木美人」松原留美子、２０００年「夏の約束」で第１２２回芥川賞を受賞した藤野千夜、２００６年「友達の詩」のヒットでＮＨＫ紅白歌合戦に紅組で出場した中村中（あたる）、２０１２年「東京レインボープライド（ＴＲＰ）」を創始した杉山文野など挙げたい人物は数多いが、枠がまったく足りない。

三橋 順子（みつはし じゅんこ）

1955 年、埼玉県生まれ。性社会・文化史研究者。Trans-woman。2000 年、日本初のトランスジェンダーの大学教員となる。現職は明治大学、都留文科大学、関東学院大学などの非常勤講師。

専門はジェンダー／セクシュアリティの歴史研究、とりわけ性別越境（トランスジェンダー）の社会・文化史、買売春の歴史。

著書に『女装と日本人』（講談社現代新書、2008 年）、『新宿「性なる街」の歴史地理』（朝日選書、2018 年）。

映画『片袖の魚』と、目につかせないことのリアリティ

清水　晶子

映画『片袖の魚』、まず、音の使い方がとても良い。

ひとつは「現実」を遮断するように競り上がってくる水中の泡の音。窒息させるようでも呼吸を助けるようでもあり、周囲から孤立させるようでも周囲から護るようでもある。

加えて、単純に声の使い方が良い。

これは観て（聞いて）いただけば分かるけれども、私たちは日常で何となく男声と女声を聞き分けているつもりでいるけれど、その時私たちは何を聞き分けているのか、性別のある声、あるいはノンバイナリーな声とは何か、と言うようなことを、実感と共に考えさせる。

トランスフェミニニティの表象は視覚性に偏りやすく、トランス表象が「観客の為のスペクタクル」になりやすい理由の一つはそれだと思うけれど、この映画での「声」の扱いはそれを誠実な形で回避して、リアリズムに重点を置くつくりではないのにとても現実味のある表象になっている。

もう一つ、この映画の素晴らしいのは、トランスジェンダー女性をトランス／クィア・コミュニティとの繋がりの中で描いている事だ。

そもそもクィアの多くに言えることだけれど、特にトランスジェンダーの人々のサバイバルにはトランスコミュニティとの繋がりとサポートとが不可欠だと論じられることが多い。それは逆に言えば、トランス／クィア・コミュニティを描かずに個別のトランスの生を描くのはおそらく極めて不十分だ、という事になるだろう。

「これこそクィア！　これこそコミュニティの連帯！」というような派手なシーンや劇的な展開を避けつつ、この映画には最初から最後まで、彼女が息をする場としてのコミュニティ、息つくことを可能にするサポートの日常が、確かに存在している。

淡々と、ほとんど背景に溶け込むように。水槽の水に

送り込まれてくる酸素のように。
　トランス表象を考えるにあたっての多くの重要な点を提示してくれる本作は、日本のトランス表象史においても注目すべき一本になるのではなかろうか。

清水晶子（しみず あきこ）
東京大学大学院人文科学研究科英語英米文学博士課程修了。ウェールズ大学カーディフ校批評文化理論センターで博士号を取得し、現在東京大学総合文化研究科教授。専門はフェミニズム／クィア理論。
著書に『読むことのクィア―続・愛の技法』（共著・中央大学出版部）、『Lying Bodies: Survival and Subversion in the Field of Vision』（Peter Lang）など。

トランスジェンダーにとっての就職／仕事／職場

堀川　歩

1　トランスジェンダーの人が就労時に直面しやすい壁

皆さんは就職活動時に、働く勤務先の〝何〟を見ますか？

「仕事内容、待遇、場所、職種、人間関係、職場風土」と人によって重視するものは異なるかもしれませんが、「制服、更衣室、トイレ、髪型、名札や名前」をどうしようと悩んだことはありますか？

面接官から志望動機よりも「あなたは男？　女？」「なんでそんな髪が長いの？」「男女どっちを好きになるの？」と聞かれたことはありますか？

リクルートスーツや履歴書の性別欄、共学でない場合の出身校（女子・男子高、大）の会話などで悩んだことはありますか？

トランスジェンダーの方々の多くは、このような就労時に「性別」が「男女別」に分けられてしまいがちな場面に困りやすいことが多々あり、ジェンダーの事が関係して本来就きたかった仕事に、能力に関係なく「機会」すらもらえないという事があります。

実際に、2019年に行った厚生労働省の調査では「職場で困りごとを抱える当事者」の割合は、LGB（同性愛や両性愛者）で36・4％、トランスジェンダーでは54・5％という結果になりました。

その背景には、大きくハード面、ソフト面の2軸あります。

まずはハード面、物理的に職場環境の中では「戸籍上の性」のみに基づいて全て男女別に分けられるとなると、やはり制服やトイレにおいて本来の仕事内容とは関係のないところで毎日ストレスを感じることになります。

一方ソフト面だと、周囲の無理解による無意識のハラスメントや差別を受けることがあります。

カミングアウトをすることで不採用になったケースもあ

れば、異動、退職勧奨などを受けた方もいます。

日々自分を偽って服装や会話を振る舞わなければならないとなると、どれだけ仕事内容や待遇に満足していたとしても、その環境下で長年続けることがストレスとなり心の不調に繋がったり、転職を繰り返す方もいます。

ある調査では特に男性から女性へのトランスジェンダーの転職経験率は68・3%と突出していたという結果もありました（LGBT平均で60%であり、一般平均（51・8% 2007年就業構造基本調査）との比較）。

2　私のキャリアヒストリー

ここで少し私のキャリアに関してもお話したいと思います。

私のファーストキャリアは陸上自衛隊の入隊です。

私の場合は高校生の頃に性同一性障害（違和）の診断書を取得しその診断書を提出したところ、内定が出ていたにもかかわらず条件付き採用に切り替わりました。

上層部の方々にも呼び出され「勝手に治療を進めたり、性別を変更したり、周囲の人が嫌がったりマスコミが面白おかしく取り上げたら即解雇だよ。戻せるか？　治せるか？」と聞かれました。団体行動や規律が求められる組織であることは重々承知していましたが、そもそも「戻す」「治す」というものではないだけに、答えようもありませんでした。

職場環境においては、あくまでも女性自衛官としての在籍になるため、制服やお風呂、更衣室、健康診断など、女性としての服装や生活、行動が求められることがしんどかったです。何より私が希望していた地雷撤去の任務は、当時は女性自衛官であることを理由に選ぶこともできませんでした。

また、私の性自認に関しては、上層部の方々も恐らくどう対応していいかわからないということもあってか、いろんな人に申し送りもされていました。新しいチーム編成や異動の度に、どこの誰にどんな風に自分のことが伝わっているかもわからない。それぞれがどんなふうに受け止められているかもわからない。極力自分の悩みは誰にも話さず、耐えきれないときには誰にも見られない様に、一人乾燥室の中で涙することもありました。

それでも、数人だけ自分の身体の事を話せる同僚や上司がいて、「しんどい時はいつでも言っておいで」「男性自衛官とか女性自衛官ではなく、あなたは私の大事な班員だから」と声をかけてくれることが救いでした。その人達の支えがなかったら任期を務めることも、今の私もいなかっただろうなと当時を振り返って思います。

除隊してから10年以上の月日が経ち、今は自衛隊の中も少しずつ変わりつつあります。

例えば航空自衛隊では２０１８年に、初めて女性戦闘機パイロットが誕生したり、ＬＧＢＴＱのセクハラに関する注意喚起は、自衛隊のコンプライアンス・ガイダンスにも明記されるようになったりと、団体行動や規律が特に求められる自衛隊においてもジェンダーに対するあり方は徐々に変わってきたのかもしれません。

3　トランスジェンダーの人も働きやすい職場とは？

今でこそ、トランスジェンダーの方をはじめとする「性自認」に関して悩んでいる様々な当事者の方のキャリア相談にのっていますが、完全に埋没して働く事を選ぶ方もいれば、一時的に夜の仕事や短期の仕事を詰めこんでお金を稼ぎ、手術をした後にようやく、自分のやりたい仕事に就くためのスタートラインに立てたという方もいます。

他にも、職場では一切カミングアウトをしていないので戸籍上の性に従って働いているものの、毎日着たくない制服を着て、同僚と会話を合わせていることがしんどいけど、転職すると自分のこれまで培ってきたキャリアが変わってしまったり、職を失ってしまうから我慢しているという方もいます。

これらから何が言えるかというと、トランスジェンダーと一括りにいっても、皆カミングアウトの有無や治療状況は違えど、共通して「男女」の性を押し付けられてしまう事にしんどさを感じる方が大勢いるということです。

私も自衛隊以外に、これまで民間企業でカミングアウトをせず働いた経験、一部の方だけに打ち明けて働いた経験、最初からオープンにして働いた経験がありますが、最も自分らしく働けて生産性も高く働けたのは最初からオープンにして働いた職場でした。あくまでも私自身の話になりますが、毎回職場での会話においてバレないかとビクビクする必要もなければ、話を合わせるために嘘をつく必要もなく、コミュニケーションが億劫《おっくう》になることが圧倒的に少なかったからです。

その結果、信頼関係が生まれやすくなり、なんでも相談しあえるようになり仕事も円滑に進んだように思います。話すことはとても勇気のいることでしたが、無関心でも特別扱いでもなくこれまでと変わらずに接してくれた人のおかげで、安心して働くことができました。

カミングアウトには正解も間違いもありませんが、本人が話をしたいなと思った時に話せる環境があるかどうか、これがとても大事だと思います。この心理的安全性の高い職場環境を作ることは決して特定の誰かのためだけではなく、トランスジェンダーの方はもちろんのこと、多様な人がのびのびと自分らしく働ける環境を作ることが最も大切なのではないでしょうか。

私はそんな職場がもっと増えていくお手伝いをこれからもしていきたいなと思っています。

堀川 歩（ほりかわ あゆむ）

株式会社アカルク代表取締役長。
大和ハウス工業株式会社顧問（LGBT 活躍推進アドバイザー）、株式会社ミライロ講師、関西学院大非常勤講師。
1990 年3月 30 日生まれ。大阪府大阪市出身。身体は女性として生まれたが、物心ついた頃から男性として自覚していたトランスジェンダー。
公務員や世界一周の経験を経て、ユニバーサルデザインのコンサルティング会社で LGBT 事業の立ち上げと人事部長を務めたのちに独立。2018 年にはタイで性別適合手術を受け、戸籍上も男性となる。現在は多様な人が働きやすい環境作りのコンサルティングやトランスジェンダーのキャリア支援、全国各地での研修や講演を年間 100 本以上行う。

鼎談《ていだん》

《グラビアアイドルにトランスした、わたしがわたしであるために》

広畑りか（イエローキャブ所属）×山本宗宣（イエローキャブ代表取締役）×東海林 毅（映画『片袖の魚』監督）

「トランスジェンダーの役は、トランスジェンダー当事者が演じた方が良いのか」という議論がハリウッドをはじめとした海外の創作の場では進んでいる。

顧みて、日本の状況はどうであろうか。現実の状況も具体的な問題も未だ可視化されていない中では、議論はもちろん、俎上《そじょう》に載せる機会もほとんど無いのではないだろうか。

この鼎談では、グラビアアイドルとして活動し、『片袖の魚』では主人公ひかりの友人・千秋を演じた広畑りかさんと、広畑さんの所属事務所であるイエローキャブの代表取締役・山本宗宣さん、そして映画『片袖の魚』を企画・監督した東海林毅さんが、トランスジェンダーのエンタテイメント業界における就労と労働の問題と状況をそれぞれの立場と経験から語り合う。

2021年現在のリアルな内容は、いま同じ職種で仕事をしている方やこれからの就職を願っているトランスジェンダー当事者の方には、大変参考になることはもちろん、今後の貴重な記録となるに違いない。

自分を解放したい

東海林―― 今日は、トランスジェンダー女性でグラビアアイドルとして雇用されている側（広畑さん）と、雇用している側（山本さん）双方のお話をうかがいたいと思っています。

かなり具体的な質問もさせていただくかと思いますが、よろしくお願いいたします。

はじめに、広畑さんがイエローキャブに所属した経緯をお話しいただけますか。

山本――　よろしくお願いいたします。２０２０年７月に、イエローキャブとして新メンバーオーディションを開催したんですね。エントリーは２００名以上ありまして、その中のひとりに広畑がいました。私が選考の責任者なんですが、最初の書類選考で彼女の資料を見ましたら、トランスジェンダーである事と、かつては男性の俳優として芸能活動をしていた経歴が記載してありました。当初僕は採用には積極的ではなかったんです。ただ当時のマネージャーが「ぜひ会ってみたい」と強く推すので、書類選考を通して対面のオーディションで会わせてもらいました。

実際に会ってみると、グラビアという仕事に必要な「色気」というものを感じたんですね。それはいま世間で活動している他のグラビアアイドルの方たちの表現と比較してみてもすごく上手いと思います。そういうところを評価しまして、うちの事務所で活躍してくれるのではないかという判断に至って所属してもらいました。

東海林――　書類選考の段階では、山本さんは採用に反対されていたということでしょうか。

山本――　はい、そうですね。

東海林――　それはエントリーシートに「トランスジェンダー」の記載があったからでしょうか。

山本――　トランスジェンダーという言葉も初めて聞きましたし、私の近しいところに当事者の知人もいなかったので、自信がなかったんだと思います。

東海林――　自信がなかったというのは、具体的にどういうことだったんでしょう。

山本――　男性の俳優として活動していた人物を、女性しか所属タレントがいなかった事務所であるイエローキャブで、グラビアアイドルとして売っていけるんだろうかという事ですね。仕事を取ってこられるのだろうかという不安。書類選考の時はそう考えていました。

東海林――　広畑さんにうかがいたいんですが、以前から俳優活動はされていたんですか。

広畑――　はい、俳優として活動をしていました。当時の所属事務所では、私の個性は受け入れられていたんですが、結局役をもらうとなると、男性としてのキャラクター（らしさ）を求められるので、それが段々とストレスになって、人前に出ることや表現することが苦しくなってしまったんです。

広畑りか氏

ついに限界となった時に、事務所の社長に全てカミングアウトしました。そして、もうクビにしてくださいって言ったんです。その社長さん、ちょっと個性的な方で、「面白いじゃないか」って応えてくださった。それで1年猶予をやるからその間で「俺が惚れるような女になれ。そうなったらそのまま所属していい。俺がそう思えないようじゃ世間はお前を認めないぞ」って。

東海林――　それは判断の難しい発言ですね……。

広畑――　でも当時の私はチャンスをもらえたんだって

思えたので、その発言に不快感は無かったです。それで吹っ切れたというか、解放されたんです。負けたくないって気持ちがわいてきましたね。惚れられるような女性になれたかどうかはわからないですけど。その後も所属を続けていたので、認められたって事でしょうかね（笑）。

山本──　認められたって事だと思うよ。

東海林──　当時男性の俳優として活動をされていた時のお話をもう少し聞いてもいいですか。

広畑──　不良の役なんかで、大声を出したり乱暴に振る舞う演技とか本当に苦手というかできなくて、過剰な男らしさを求められる事にすごく悩んで苦しみました。

東海林──　そういう経験の中から、女性として活動したいという思いが強くなっていったという事なのでしょうか。

広畑──　そうですね。これまで悪口を言われたり笑われたりすることが当たり前だったので、それをまともに受けてしまうと気持ちがグチャグチャになってしまう。だから目をつぶって見ないようにしてきました。

色々言われ過ぎると、傷ついている事に鈍感になるというか、麻痺してきてしまうんです。それでも、演技をする事は嫌いになりたくなかったんです。結果トランスジェンダー女性の俳優として、１年の猶予期間を超えてその事務所にはお世話になったし、そこでの体験は、いまにつながっていると思います。

グラビアは自分を隠せない

東海林──　何をきっかけに、イエローキャブのオーディションに応募したのかお聞かせください。

広畑──　女性として活動するようになって、私のキャラクターに注目してもらえる機会は増えましたし、バラエティなど新しいお仕事につながるようにもなりました。でもその中で、仕事の考え方を巡って事務所と私の方針も変わってきました。それでお互いの関係性を維持していく事が難しくなってきたのを感じて、その事務所を辞めることにしました。

一昨年（２０１９年）に性別適合手術を受けて、最初にやりたかったことがビキニを着ることだったんです。でも、術後にやっと自由に動けるようになったと思ったら、コロナ禍で海にも行けない状況になってしまいました。そんな時に、ネットで見かけたのがイエローキャブのホームページにあったオーディション情報だったんです。
もともと小池栄子さんがすごく好きだったこと、ビキニを着ての審査があるということで、ダメもとで受けてみようと思いました。こういう場でビキニを着られたら、どこに行っても怖くないと自分に自信を持てるんじゃないかと考えたんです。でもビキニを着るには、書類審査を通過しなければいけなかったんですけど（笑）。

東海林──　書類審査のことは冒頭でもうかがいましたが、面接の時には、どなたが審査に立ち会われていたのでしょうか。また実際に広畑さんに会ってみての印象と山本さんの考え方にどのような変化があったのでしょうか。

山本──　面接は前社長、当時のマネージャー、そして私が立ち会いました。先ほどもお話した通り、私はトランスジェンダーという言葉も知らなかったくらいですし、特に関心も持っていなかったんです。
ただマネージャーの関心が非常に高く知識があったので、書類審査から面接までの間に、彼から話を詳しく聞きました。私なりですが、最低限の理解はしたうえで面接に臨もうと思ったからです。でも実際に会ってみると、ことさらトランスジェンダーと初めて会うとか、特別な感慨があるようなことは全くなくて、そこには広畑りかというイチ女性がいるという事実だけでした。

東海林──　それまで思い描いていたトランスジェンダー像とは違っていたんですね。

山本──　違っていましたね。

東海林──　例えばどのようなイメージを持っていらしたんでしょうか。

山本──　それまでは何も知らなかったので、ちょっと語弊がある言い方かも知れませんが、「新宿二丁目」的といいますか、水商売のイメージがありました。言葉にするのは難しいんですが……。

広畑──　酒焼け声で騒々しいみたいな？

山本──　そう、勝手にそんなイメージを思い描いていました。

東海林──　いわゆる「オネエキャラ」でしょうか。それは何か影響されるものがあったからだと思いますが、どこからそのイメージがきたとお考えになりますか。

山本──　やはりテレビの影響は大きいと思います。い

山本宗宜氏

まはその枠を超えて活躍されている方もいますが、かつて流行《はや》った時に、「オネエキャラ」と呼ばれたタレントさんがたくさんいらっしゃいましたよね。

だから広畑と会った時には、そんなイメージとは全く違ったので驚きました。落ち着ているし、グラビアに必要な表現も上手くて、こういう雰囲気の女性なら十分戦力になり得るんじゃないかと、タレントとして魅力的だなと感じました。

東海林―　ビキニを着てみたかったという想いからオーディションに参加されたということですが、イエローキャブに所属となると、グラビアアイドルということまでの俳優活動とはまた違った表現活動がメインになるかと思います。どうご自分の中で切り替えていったのでしょうか。

広畑―　「グラビアアイドル」というものが世間に認知されてから、それを活動の中心にしているトランスジェンダー女性っていないと思ったんです。いないから選択肢から外すのでなくて、それならそこでやってみようと、自分で限界を作りたくなかったんです。

とはいえ、どこの雑誌からも相手にされない、仕事として需要がないってことも十分あり得ます。でもそれはトランスジェンダー女性という以上に、私にグラビアアイドルとして魅力がないということだと思うんです。仮にトランスジェンダー女性ってことが原因になり得るのであれば、誰かが知ってもらえるようにしなくてはいけない。山本社長もそうであったように、知らないと怖いと思うし、受けとる側の方々も不安なんだと思います。

自分が何をどこまでできるのかまだ皆目見当もつかないんですが、のちに誰かに続いてもらえるような道を切り開きたいという気持ちはすごい強くあります。

東海林——　山本さんも最初は所属に対して反対だというお考えがあったとのお話でしたが、広畑さんと面接をしてみて考えが変わられました。グラビアアイドルとして採用されて、現実的なお仕事の需要や問題点などどのような状況でしょうか。

山本——　私の感想を率直に申し上げると、広畑の活動自体に何か問題があるということはありません。芸能界自体が、一般社会といわれる世間よりは、そういう差別は少ないのだと思います。ただグラビアアイドルとなると、クライアントは出版社が多いんですね。その出版社がメインの対象として考えるのが大衆、世間です。

イエローキャブとしては、「トランスジェンダー女性のグラビアアイドル・広畑りか」で売り込みに行ったんですが、当初はNGが出ることが多かったんです。それでマネージャーに、理由は何故かということのヒアリングをしてもらいました。そこで出た話を端的にまとめますと、批判が怖いという事が見えてきたんです。

出版もメディアですから、ネガティブな反応が一番怖いんですね。世間に一定数いるトランスジェンダー女性に対してアンチな考えを持つ人間からの批判や苦情を受けるリスクをあえて冒したくはないという意見があったことは事実です。

東海林——　トランスジェンダーを前面に出した場合に、反トランスジェンダーや差別的な意識の強い人たちが、出版社に対して攻撃的な行動をするのではないかという懸念ですね。

可能性があるならリスクは取りたくないと。

山本——　そういう事ですね。ハッキリ言われたこともあるようです。ただ全てがそういう反応だった訳でもありません。理解を示してくれた会社も当然あります。

東海林——　雇用者としては、そういう壁があると分かった時点でどういう対策を考えたのでしょうか。

山本——　それならそれで仕方ないと言いますか、「トランスジェンダーだから」ではなく、「広畑りか」をみてもらえれば、タレントとしての魅力はわかるでしょう？　という気持ちでしたね。それをわかってグラビアに起用してくれる雑誌もありますし、そこに囚われる必要はないと思っています。彼女の魅力が伝われば、仕事は増えていくだろうと考えています。

現実と自分を見つめて

東海林―　お話しづらいかも知れませんが、広畑さんはイエローキャブ設立以来初のトランスジェンダー女性として所属となって、事務所に対して戸惑いや不満な点というものはありますか。

広畑―　これは私の問題で、事務所に対して申し訳ないなって思ってしまうんです。他のタレントと比べてもプロモーションに手間が掛かりますし、それでも仕事につながるかどうかわからない、非常に負荷を与えてしまっているなっていうことは感じています。だから自分の気持ちを言っていいのかどうかもわからなくなってしまうんです。

山本―　気負わず言ってください。

広畑―　まわりのみんなと自分はどうしたって違うということはわかってやっているんですが、それでもどうしてもシンドクなる時はあって、でも嫌なことを嫌だって言える性格でもなくて、どうにか自分の中で消化しようとしてしまう。後ろめたいような気持ちを拭えないまま接していることに対しては良くないなって思っています。

いまは、チャンスをいただいたからには、事務所の方々の気持ちに応えたい。不安や葛藤があっても、これが自分だと納得できる成果を出したいと思っています。

東海林―　トランスジェンダー女性のグラビアアイドルを所属タレントとして迎え入れるために、何か準備はしたのでしょうか。

山本―　特別に何かを準備した覚えはありません。ただトランスジェンダーという方々がどのくらいいて、い

東海林 毅監督

まどんな状況で生活していて、どのようなコミュニティーがあるのか全く知らないことばかりだったので、調べたり学んだりできたことは、知識や考え方の幅を持てることになったと思います。

東海林ー　いまこうして一緒にお仕事をされていて、やりづらい事や当初考えていたこととのギャップを感じたことはありますでしょうか。

山本ー　トランスジェンダーだからといって、やりづらい事はないですね。う〜ん、本当にないんです……。お話したように、営業面でNGが出るということは事実起こっています。ただマネージメントする私としては困る事や悩む事というのはないんです。

東海林ー　それでは今後もトランスジェンダー女性の応募があった時は、積極的に所属タレントとして採用をされていくのでしょうか。

山本ー　そうですね。世の中の壁を壊すとか、何かモノ申すということではなく、お仕事である以上、いちタレントとして、一緒に闘っていける方かどうかという点で考えていきたいと思います。

東海林ー　広畑さんは、今後どのように活動していきたいと考えていますか。

広畑――　先ほど山本社長もおっしゃってくださいましたけど、私を見てもらえるようになりたいです。「トランスジェンダーのグラビアアイドル」という存在以上に、「広畑りか」として世間に認知されるという目標はあります。

　自分をカテゴライズせずに、グラビアも、演技も、色んなことをやってみて、その中で自分がいいと思うものをやっていきたいと思います。あと私が経験したことからもらったものを、世の中に還元できるように活動していきたいと考えています。

東海林――　こうしなければいけない、こうするべきだという議論はできると思いますが、それを現実の場に落とし込んで対応をしていくのは非常に難しいと思いますし、そこでしか気づけないことがあると思います。理論だけではなく、いま芸能の最前線で実践されているということに感銘を受けました。またお仕事でご一緒できますよう。

　今日はありがとうございました。

（２０２１年６月３日　ＴＣＣ試写室にて収録）

広畑りか（ひろはた りか）

性別適合手術後にイエローキャブ所属。グラビアをはじめ、テレビ、舞台など多岐に渡って活動している。スカパー！　プレミアムで放送されているイエローキャブの冠番組「水着でキャブキャブ」にも出演。

山本宗宜（やまもと むねよし）

株式会社イエローキャブ代表取締役。グラビアアイドルをメインとした従来のマネジメント手法を踏襲しながらも、メディアの多様化に応えるためにWEBメディアでのタレント活動やプラットフォームの自社運営などにも力を注いでいる。

「トランスジェンダー役はトランスジェンダー当事者の俳優に」という考えに対し僕が思うこと

東海林 毅

「トランスジェンダー役はトランスジェンダー当事者の俳優に」という考え方について「何でも演じられることが職業俳優の職能であり属性で配役を決めることはフェアでない」また「キャスティングは属性ではなく実力で行われるべき」との主旨の意見を見かけることが多いので僕個人の考えを以下にまとめました。

まず僕は「トランスジェンダー役はトランスジェンダー当事者の俳優に」＝「〝役〟と〝役者の属性〟を固定化させせよう」という主張「ではない」と考えます。むしろ現状は「トランスジェンダー役もシスジェンダー俳優に」という「固定化」が起こっており、これを解消するための主張が「トランスジェンダー役はトランスジェンダー当事者の俳優に」であると思います。

この「トランスジェンダー役もシスジェンダー俳優に」という「固定化」の原因は、日本のトランスジェンダー俳優を取り巻く以下のような悪循環が原因であると考えています。

（この悪循環はシスジェンダーの俳優には当てはまらず、明確な非対称性があると思います）

【日本のトランスジェンダー俳優を取り巻く悪循環】

①トランスジェンダー当事者の職業俳優の人数が少なくキャスティングの選択肢が限られる。

↓

②無名のトランスジェンダー俳優を大きな役で起用することは特に商業作品の場合、興行や視聴率の面でリスクがあり敬遠されてしまう。

↓

③シスジェンダーの有名俳優をトランスジェンダー役として起用する。

↓

④トランスジェンダー俳優が現場経験を積み、収入や人脈を得るための場所が奪われ、露出の機会が減る。また当事者の不在により現実とかけ離れた表象が流布し固定化する。

↓

⑤俳優を目指す当事者にとって成功事例のロールモデルが乏しく、俳優として生計を立てる道筋も見えないため志望者が減る。

また世間一般に流布している表象をなぞることを期待されるため当事者にとって精神的な負担となる。芸能事務所的にも仕事が限られるため当事者が俳優として所属したいと考えても受け入れを躊躇《ちゅうちょ》する可能性が高まる。

↓

⑥結果、当事者俳優の数は増えにくく①に戻る。

この悪循環が解消され、シスジェンダーの俳優とトランスジェンダーの俳優が同じスタート地点に立てて初めて「何でも演じられることが職業俳優の職能であり、属性で配役を決めることはフェアでない」「属性ではなく能力で判断すべき」という主張が成立するのではないかと考えています。

またトランスジェンダー当事者俳優の不在は俳優を目指さないトランスジェンダー当事者にとっても問題となると考えます。シスジェンダーの作り手や観客にとって都合の良い役割を担わされた（おおよそは過度に喜劇的、または悲劇的な）トランスジェンダーの表象が作品を通して広く流布し、現実に即さない当事者像を再生産し続けることで現実社会に生きる当事者を傷つけ、追い込み、居場所を奪う事すらありえます。

バイセクシュアル当事者である自分も思春期だった中学時代は保毛尾田保毛男※の表象にひどく苦しめられた一人です。こういった状況の改善のためにもトランスジェンダー役はトランスジェンダー当事者の俳優が演じることが有効だと考えます。

よって現時点では、僕は「トランスジェンダー役はトランスジェンダー当事者の俳優に」という考えを支持します。そしてこの悪循環を作り出している業界当事者の一人として、少しでも状況を変えるために僕はこれを実

践します。

理屈を言えばこんな感じなんですが……。

とにもかくにも、完成した映画『片袖の魚』を観て皆さまご自身で判断していただくのが良いと思います。なんてったってイシヅカユウさんが最高なんで！


映画の中でイシヅカユウさんが「演じて」いるのは彼女とは生い立ちも考え方も違う、全く別人の一人のトランスジェンダー女性です。

僕はこの作品制作を通して人間の魅力というのは属性もポリティカルコレクトネスも超えて輝くものだということをイシヅカユウさんから教えられました。

どうか「トランスジェンダー当事者が演じるトランスジェンダー」というフィルターを超えて届く光を見届けて欲しいです。

※　1980年代後半に「とんねるずのみなさんのおかげです」で人気を博したキャラクターの一人。特徴的な七三分けと青ヒゲがトレードマークで男性同性愛者を揶揄（やゆ）する表現で視聴者の笑いを誘った。

東海林 毅（しょうじ つよし）

武蔵野美術大学映像学科在学中から映像作家活動を開始し、1995 年に第 4 回東京国際レズビアン&ゲイ映画祭コンペ部門にて審査員特別賞を受賞。『劇場版 喧嘩番長』シリーズや『お姉チャンバラ Vortex』『はぐれアイドル地獄変』などの商業作品を監督する一方、VFX アーティストとしても幅広く活動し、NHK BSP の科学史番組「フランケンシュタインの誘惑」では放送開始時より VFX を務める。近年では『老ナルキソス』(2017)、『ホモソーシャル・ダンス』『帰り道』(ともに 2019 年) など、自主制作した作品が国内外の映画祭で高い評価を得ている。

第3章

明日　あなたへ

幻日

映画「片袖の魚」Prequel

新星エビマヨネーズ

鹿児島県出身。漫画家、イラストレーター。SNSを中心に短編漫画やイラスト作品を公開。
Twitter @shinsei_ebimayo

光輝ー
お疲れー
オレら先帰るぜ
あんま無理すんなよ
うん ボクもすぐあがるよ
カラカラ

あ やべ
ユニフォ 忘れた！
えー ダルっ
悪りぃ オレ光輝と 帰るわ
ドクン…
光輝ー
ドキ
ガラッ
あ それ… オレの ユニフォーム
たかし…
…なに？

お前さあ
なんか最近変わったよな
えっ
ど…どんなふうに？
わかんねえけど…
ちょっと雰囲気昔と違うっていうか
……

悩んでることがあるなら
いつでも言えよ
たかし…

ドサッ
フーッ
うわぉっ
ガタッ
光輝ー?
大丈夫?
なんでも
ない!
僕…
ゲイ
なのかな…
でも…

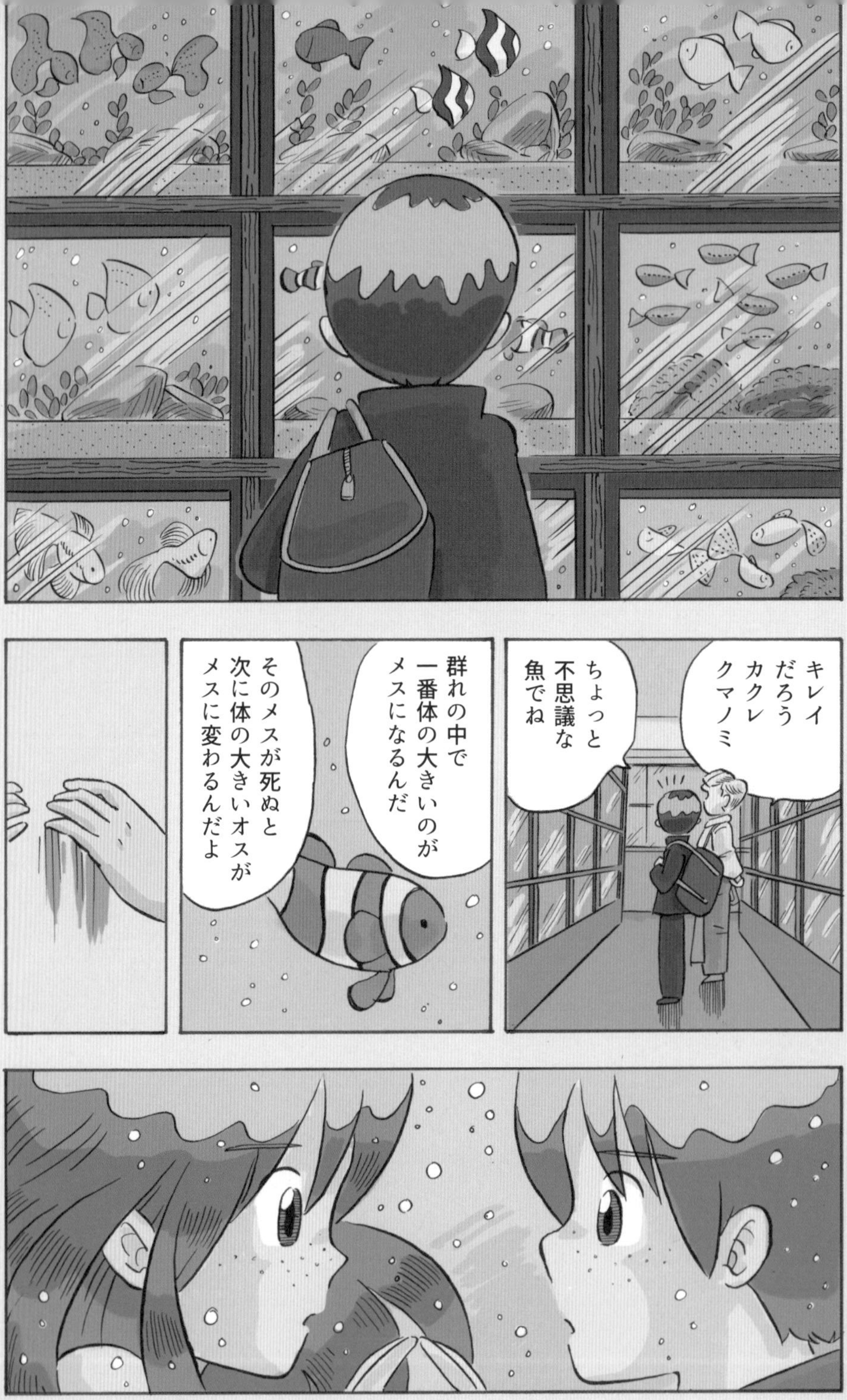
キレイ
だろう
カクレ
クマノミ
ちょっと
不思議な
魚でね
群れの中で
一番体の大きいのが
メスになるんだ
そのメスが死ぬと
次に体の大きいオスが
メスに変わるんだよ

幻日・終

※このストーリーは映画「片袖の魚」の登場人物「ひかり」の前日譚です。トランスジェンダーもいろいろな人がいます。服装に対する考え方もみんなそれぞれ違います。

〝イシヅカユウ〟という表現体

長田　杏奈

自らの美しさや個性を見出し、表現する人が好きだ。それが最大公約数的な「わかりやすい美」とはちがうオリジナルなベクトルで研ぎ澄まされたものなら、なおさら。誰かの承認や喝采に依ることなく、自身の第一発見者であり主任研究員であり、良きファン良き理解者であろうとする者には、揺るぎない光源が宿る。そして、その光は広くまばゆく伝播《でんぱ》する。

マイファースト・イシヅカユウは、モードなファッションモデルのイシヅカユウ。ぱっつん前髪に切れ長でミステリアスな眼差し、洒落たソバカス。目線や指先まで神経が行き渡ったアバンギャルドなポージングで異彩を放っていた。

少し追いかければ、すぐに彼女の表現の土台にあるのが、天賦《てんぷ》の才やセンスだけではないと気づかされる。例えば、10代の頃、ファッション&ビューティーのお手本をツイギーやマレーネ・ディートリッヒにしていた人はどのくらいいるだろう。時代が被ってないモデル・山口小夜子のオリエンタルな美を追いかけ、若尾文子映画祭に通い詰めた90年代生まれは？　イシヅカユウの表現の奥行きの背景には、同時代性だけでは集めきれない、膨《ぼう》大《だい》なカルチャーアーカイブが控えているのだ。

プライド月間にSpotifyで公開されたイシヅカユウのプレイリスト『YU's "CHAOS LOVE" SPACE』は、古くはジュディ・ガーランドやマリリン・モンローから、MAMAMOO、Rina Sawayama、山瀬まみ（！）まで、幅広いジャンルに渡ってピックアップされている。

映画『片袖の魚』公開記念に選書された「イシヅカユウという世界」では、世阿弥《ぜあみ》の『風姿花伝三道《ふうしかでんさんどう》』、魚類鳥類の専門書、『長くつしたのピッピ』が並列にディスプレイされた。

眠れない夜に、彼女が朗読する『赤い蝋燭《ろうそく》と人魚』を

聴いたことがある。欲に流される愚かで哀れな人間と、無垢でいたいけな異形の子のディスコミュニケーション。物語のはらむ切なさ、虚しさ、恐ろしさを漏れなく伝える、全てを見透かしたような声色に、まだこんな引き出しもあるのかと驚く。

イシヅカユウはいたって礼儀正しく謙虚な人だけれど、彼女と仕事や作品作りを共にするとき、予定調和に収まらない自由さと胆力《たんりょく》、彼女に追いつく文化的振り幅が試されるようで、心地よい緊張感がある。

そんなイシヅカユウが、初めて本腰を入れて演技に挑戦した映画『片袖の魚』。きっと、持ち前のおしゃれな雰囲気や存在感を前面に出して演じたとしても、私たちはじゅうぶんに満足したはずだ。

けれど、多感な時期にたくさんの映画に助けられ「演じる」ということにリスペクトがある彼女は、「モデルの延長線上」に甘んじることを自らに許さなかった。モデルスイッチを入れたままであれば、作品冒頭の長袖ポロシャツのユニフォームは「あえてギークなテイストを取り入れた」ファッションに見えてしまっただろう。琉《りゅう》金《きん》めいた赤いワンピースをまとって闊歩《かっぽ》するシーンも、モデル然と決めて演じたら、久しぶりの地元の舗道に立つリアリティは薄まり、「本当の自分」を見せることを選んだひかりの期待と誇りの入り混じった一歩一歩はここまで伝わらなかっただろう。

役に臨むにあたり、かつてのバイト先で無造作に男性／女性でデザインが分けられたユニフォームを渡された時の心細さを思い返したり、新宿の雑踏を行き交う人々を観察して「モデル歩き」ではない動きを覚えたという。重なる部分もありつつ、確かに違うパーソナリティーを持つ、イシヅカユウとヒロインのひかりの境界線には、そんな努力と試行錯誤があったのだ。気づいて問わねば、きっと語らないような人なのだけど。

ちなみに、イシヅカユウがトランスジェンダー当事者であることを知ったのは、彼女を見つけてからだいぶ経ってからのことだった。

小さく見積もって見ていた差別が、いつの間にか国政を左右するほどに膨らんでいた現実を目の当たりにした２０２１年。人間というひとりひとり異なる複雑な存在から、ある属性をことさら抽出してひとくくりにし実像とかけ離れたデフォルメする残酷さに対抗することは喫緊の課題だ。

そんななか、他ならぬイシヅカユウが「トランスジェンダー女性の新谷ひかり」のリアルを演じる本作が公開されることを心強く思う。一方で、イシヅカユウの多面体な魅力を捉え伝えるために、ますます多様なフォーカスポイントが保たれることを願ってもいる。

長田杏奈（おさだ あんな）

雑誌やｗｅｂを中心に美容やフェムケアにまつわる記事、インタビューを手がける。著書に『美容は自尊心の筋トレ』（Ｐヴァイン）。責任編集に『エトセトラ VOL・3 私の私による私のための身体』（エトセトラブックス）。趣味は植物栽培。

映画『片袖の魚』公開に寄せて

イシヅカユウ

今でも覚えている生まれてから最初の記憶は、幼稚園に入る前くらいの頃、絵画教室の体験入学で木片を使って絵を描いた時のものです。

断片的にしか覚えていませんが、その時私は既に魚が大好きで、木片から魚の形を見出して絵の具を塗り、それを画用紙にスタンプし、そこから海の中の魚の様子を描いていったように記憶しています。

大人になって、その時には思いもしなかったことが、いいことも悪いことも沢山起きました。何といっても、まさかファッションモデルの仕事をしているなんて、その時は予想もしていませんでした。なりたいという気持ちさえなかったのです。だけど魚、その中でも特に海に棲んでいる魚と、絵を描くことはその時と変わらずにずっと好きで居続けています。

そしてなんと、初主演映画でアクアリウム会社で働く魚が好きな人間の役をやることになったのです！

実は私は、オーディションの時点では脚本の全てを頂かなかったので、この映画『片袖の魚』の主人公「ひかり」が魚を好きなことも、アクアリウム会社で働いているということも知りませんでした。

主演が決まって全ての台本を頂いた時に、誂《あつら》えられたようにぴったりなこの役に決まったことをはじめて知りとてもびっくりしましたし、とても嬉しい気持ちになりました。

今までファッションモデルの仕事を続けて様々な経験をする中で、自分を受け入れて好きになれた部分も沢山ありましたが、それでもやっぱり心のどこかで「身体と心の性別の違いがなかったら……」とずっと思い続けていたようにも思います。

そんな私への、希望の「ひかり」のようにも感じました。そしてこの役をどこにもいる、悩みながらも生き生きと世の中を泳ごうとする人間として映し出したい。み

んなに届けたいと思いました。

私のこういった気持ちをはじめ、出演者、スタッフ、協力してくださった皆さまの様々な気持ちを込めて一緒に作ったのが、この映画『片袖の魚』です。

私は主演はもちろんのことですが、本格的なお芝居自体がほとんどはじめてだったのでとても苦労しましたし、また至らぬ点も多々あったかと思います。それでも皆さまのサポートや助言を頂きながら、何とかひかりという人間を具現化し、描きたいと必死に泳ぎました。そしてこの度めでたく皆さまにお届けできます。観てくださった方々含め、皆さまに厚く御礼申し上げます。

この映画が、この世界の中にひかりのようにどこにでもいる、悩みながらも泳ごうとする私たち、あなたたちの一筋の「ひかり」でありますように。

そうでなくてもなんとなく、観てそのあとの一日が、明日が、少しだけでも軽く泳ぎやすくなりますように。

イシヅカユウ

体が男性として生まれながら女性のアイデンティティを持っているトランスジェンダーモデルとしてファッションショー・スチール・ムービーなど、様々な分野で活動中。最近ではテレビやラジオで意見や体験を発信するなど、活動の場を広げている。

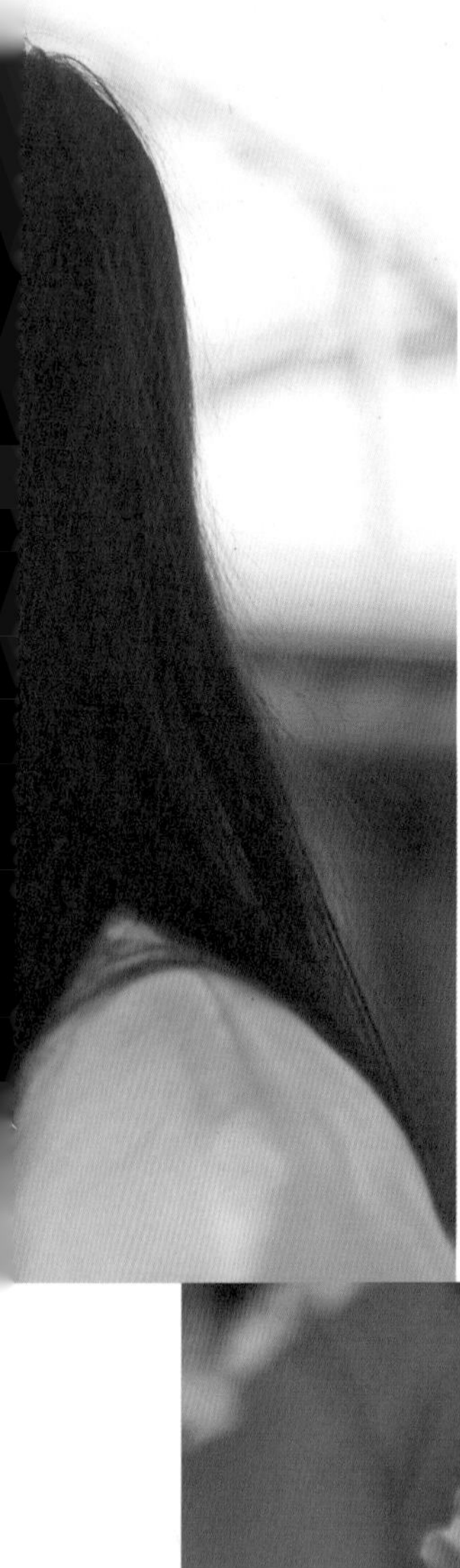

映画『片袖の魚』オールクレジット

スタッフ

原案：文月悠光「片袖の魚」
（『わたしたちの猫』ナナロク社刊）

プロデューサー：東海林 毅

撮影：神田 創

照明：丸山和志

録音：佐々井宏太

美術：羽賀香織

衣装：鎌田 歩（DEXI）

ヘアメイク：東村忠明

編集/VFX/グレーディング：東海林 毅

制作：清水 純　牛丸 亮

制作協力：海上操子

助監督：小池 匠

ヘアメイクアシスタント：関東沙織

現場応援：北林祐基

ビジュアルデザイン：東 かほり

宣伝スチル：向後真孝

宣伝・配給協力：contrail

音楽：尾嶋 優

主題歌「RED FISH」
作詞：文月悠光
作曲：尾嶋 優
歌：Miyna Usui

キャスト

イシヅカユウ

広畑りか

黒住尚生

森本のぶ

猪狩ともか

入江崇史

杉山ひこひこ

石橋 諒
藤本直人
花井祥平
小池 匠

平井夏貴　久田松真耶

葛原敦嘉　山口 静

Mayu　Chloe
石川ノブコ　猫屋レオ丸
宮城孝太郎　Hideki
松田慎介　なすがすき
田日苗水　窪田美樹
竹垣綾香　八田有美香
中村ぶんえい　黒崎 純也
田中佳織　牛丸 亮
岩室幸祐　中坪征二
矢野 篤　渡邊健太
武藤巧樹

田村泰二郎

原 日出子

CINEMACT INC.
BRUTUS
ベルジネ・タレント・エージェンシー
シネマプランナーズ

アクアリンク株式会社
アマランスラウンジ
ウインドサーフィンKaya
グループ現代
サンサンゴゴ
逗子フィルムコミッション
ヒラコサイクル
BAR DUDE
iProgress
ＰＳオスカー

協賛：
株式会社日特
Koja Studio
DEXI
ヨコシネＤＩＡ

製作・配給：みのむしフィルム

脚本・監督：東海林 毅

Viola:手島絵里子
Trumpet:辰巳光英

脚本協力： 浅沼智也　時枝 穂
畑野とまと　堀 誉幸

美術協力： 敬和学園高等学校
Noriko Yamaguchi
クーリ

衣裳協力：
aquagarage®
JULIA BOUTIQUE
OSEWAYA
Add Rouge
Sacre
REING
PRISTINE
MENEDEUX
CHAO
株式会社ボンマックス

協力：
石田 仁
田中秀樹
小原正至
栗林弥生
長谷川栄介
吉川正太郎
HUG
イエローキャブ
アルファエージェンシー
アリスプロジェクト
STRAIGHT
バウムアンドクーヘン
オフィスMORIMOTO

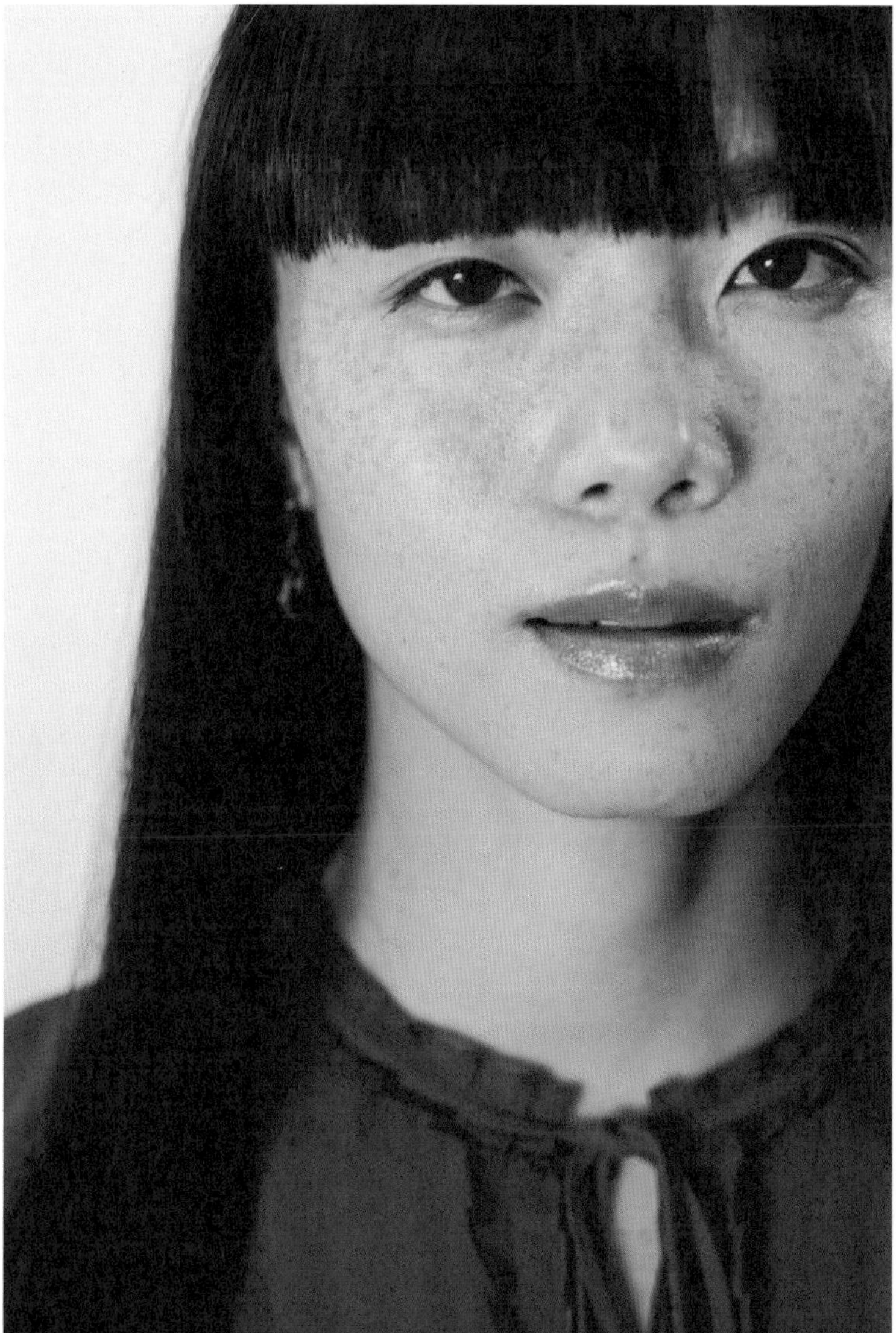

p.37 Lili_Elbe_1926.jpg (CC BY) from N. Hoyer, ed., Man into Woman. An Authentic Record of a Change of Sex. The true story of the miraculous transformation of the Danish painter Einar Wegener (Andreas Sparre). London: Jarrolds, 1933. Photograph: Lili, Paris, 1926, opp. p. 40.

p.38 Christine_Jorgensen_1954.jpg (public domain)

p.38 Portrait of Virginia Prince.jpg (CC BY-SA) Photograph of transgender activist Virginia Prince (1912–2009) © University of Victoria Libraries, Transgender Archives

p.39 “Marsha, Joseph and Sylvia march down Seventh Avenue in 1973.” “I knew Marsha P. Johnson, her boyfriend, Joseph Ratanski, and Sylvia Rivera very well and witnessed this parade in 1973.” (CC BY-SA) © Dramamonster (Gary LeGault)

p.39 Jin Xing at WEForum (sq cropped).jpg (CC BY) Source:YouTube: Davos 2017 - Discover a World beyond X and Y Genes – View/save archived versions on archive.org and archive.today (time=3:51) © World Economic Forum

p.39 Georgina Beyer at International Conference.jpg (CC BY-SA 2.5) Georgina Beyer, member of the Parliament of New Zealand and the world’s first transsexual MP, addressing the Asia/Pacific plenary session of the International Conference on LGBT Human Rights in Montreal in 2006

p.40 Caitlyn Jenner.jpeg (public domain)

p.40 Audrey tang camille mcouat089 (25378300354).jpg (CC BY 4.0 Camille McOuat @ Liberation.fr) ©Audrey Tang

p.42 「人形のお時」「鉄拳のお清」「永井明子」「曾我廼家桃蝶」引用:三橋順子『女装と日本人』(講談社現代新書 2008年)

写真：向後真孝
ヘアメイク：鶴永チヒロ
スタイリスト：鎌田 歩
衣装協力：somnium

組版：有限会社中野商店 ／中野好雄

点から線へ トランスジェンダーの〝いま〟を越えて 映画『片袖の魚』より

2021年 7月 28日 初版 第1刷発行
8月 30日 第2刷発行

編　者　映画『片袖の魚』製作委員会
発行者　廣岡 一昭
発行所　合同会社旅と思索社
東京都文京区湯島 2-5-6
電話 03-6869-8455（代表）
http://tabitoshisaku.co.jp/

ISBN978-4-908309-08-3
印刷・製本　シナノ印刷株式会社